Kinderrechte

Montessori-Perlen

Herausgegeben von
Harald Ludwig und Michael Klein-Landeck

Kinderrechte

Maria Montessori

Kinderrechte

Die soziale Frage des Kindes

Herausgegeben und mit einem
Nachwort versehen von
Harald Ludwig

HERDER

FREIBURG · BASEL · WIEN

MIX
Papier aus verantwortungsvollen Quellen
FSC® C014496

www.herder.de

Umschlaggestaltung und -konzeption: rsrdesign, Wiesbaden
Umschlagmotiv: Maria Montessori mit Perlenkette, 1936
Satz: SatzWeise, Bad Wünnenberg
Herstellung: GGP Media GmbH, Pößneck
Printed in Germany

ISBN Print 978-3-451-37782-2
ISBN EBook (PDF) 978-3-451-81930-8
ISBN EBook (EPUB) 978-3-451-81931-5

Inhalt

Vorbemerkung 7

Texte Maria Montessoris

Der vergessene Bürger 9

Die soziale Frage des Kindes 19

Die Ziele der sozialen Partei des Kindes 49

Kinderhaus und kulturelle Umgebung 55

Nachwort von Harald Ludwig 69

Literaturhinweise 79

Vorbemerkung

Die Italienerin und Weltbürgerin Maria Montessori (1870–1952) war nach dem Urteil vieler die bedeutendste Pädagogin des 20. Jahrhunderts. Schon zu ihren Lebzeiten waren Erziehungsinstitutionen, die sich an ihrer Pädagogik orientierten, weltweit verbreitet. Heute findet man sie in mehr als 110 Ländern.

Im Mittelpunkt des pädagogischen Denkens Maria Montessoris steht das Kind mit seinen grundlegenden Entwicklungsbedürfnissen und Aufbaukräften. Erziehung bedeutet für Montessori, dem Kind, dem Jugendlichen, dem Menschen überhaupt Hilfe zu leisten beim Selbstaufbau seiner Persönlichkeit. Das Kind ist von Anfang an ein sich in Entwicklung befindender Mensch, der Anspruch auf Respektierung und Förderung seines Selbstaufbaus durch die Gesellschaft hat. Zum Ausdruck kommt dies u.a. in den »Kinderrechten«, wie sie der Völkerbund in seiner Genfer Erklärung (1924) und später die Vereinten Nationen (UN) in der 1989 angenommenen und 1990 in Kraft getretenen Kinderrechtskonvention formuliert haben.

Montessoris Engagement für das Kind und seine Rechte hat ähnlich wie das des polnischen Reformpädagogen Janusz Korczak (1878–1942) große Bedeutung für die geistige Vorbereitung und das Verständnis der Kinderrechte, die Sensibilisierung des öffentlichen

Bewusstseins für sie sowie ihre politische Umsetzung. Die folgenden Texte zeigen dies exemplarisch auf. Informationen zu ihrem Entstehungszusammenhang und einige Erläuterungen finden sich im Nachwort des Herausgebers.

Harald Ludwig

Der vergessene Bürger

Die Rechte des Kindes sind *gesellschaftlich,* insofern das individuelle Leben jedes Einzelnen von der Gesellschaft abhängt. Aufgrund dieser Tatsache wird jede Person nicht nur als *Mensch* betrachtet, d. h. als ein menschliches Wesen an und für sich, sondern auch als *Bürger,* d. h. als ein vergesellschaftetes Wesen, dessen Existenz von der gesellschaftlichen Organisation abhängt.

Diese Grundsätze gelten für jeden Menschen und daher auch für das Kind. Besser gesagt: Sie gelten für jeden Menschen in seinem ganzen Leben, von der Geburt bis zum Tod. Sie umfassen also die zwei Perioden des Lebens: die des Heranwachsenden, in welcher der Mensch sich aufbaut, und die des Erwachsenen, in welcher der reife Mensch in der Gesellschaft handelt. Unsere Gesetze, unsere Traditionen, unsere gesellschaftlichen Prinzipien oder Vorurteile, unser mangelhaftes Verständnis für die Kindheit haben allerdings bis jetzt *einen Teil des menschlichen Lebens,* nämlich die Kindheit, von den Rechten des *Bürgers* ausgeschlossen.

Das Kind wird ausschließlich als abhängig von der Familie betrachtet, ohne soziale Kontrolle. Es ist gezwungen, in einer Weise zu lernen, die dem Lehrer Zeit spart, aber keinerlei Rücksicht nimmt auf seine Entwicklungsbedürfnisse und daher auf seine Lebensrechte. So wird ihm die Eigenschaft eines *Bürgers* vorenthalten.

Als der erwachsene Mensch mit Hilfe der Zivilisation versuchte, seine Lebensumstände zu verbessern und gegenüber der Gesellschaft die Rechte des Individuums und seine Menschenwürde durchzusetzen, betraf dies nicht das Leben des Kindes.

Seit der Abschaffung der Sklaverei bis zur *demokratischen* Organisation der Staaten gab es eine kontinuierliche Durchsetzung der Norm, dass der Mensch nicht absolut von anderen Individuen abhängig sein darf (etwa als Sklave und Knecht von Herren), sondern nur von der Gesamtheit der vergesellschafteten Individuen. Dies gipfelte in der Aussage: Alle Bürger sind vor dem Gesetz gleich (das bedeutet Abhängigkeit von einer unpersönlichen Gegebenheit). Das schließt indessen nicht die Abhängigkeit bei den Mitgliedern der Familie, bei den gesellschaftlichen Hierarchien, bei der Hierarchie in der Organisation eines Industriezentrums usw. aus.

Man kann daher sagen, dass die *Eigenschaft eines Bürgers* die *allgemeinen* Prinzipien betrifft und ein *Menschenrecht* geltend macht, das kompatibel mit den besonderen Details der Organisation der Gesellschaft in ihrer Gesamtheit ist. Bei der parlamentarischen Form lässt man alle Bürger an der Gesetzgebung durch Repräsentanten teilnehmen und durch diese Repräsentanten lässt man dem Nationalen Parlament die *Anliegen* der verschiedenen sozialen Gruppen zukommen. So ist es *auf legale Weise* möglich, dem Recht des Menschen, seiner Freiheit und Würde allmählich zum Sieg zu verhelfen. Gerade diese Möglichkeit charakterisiert heute unsere demokratische Zivilisation. Ihr Konzept sieht eine *absolute Regierung* als *minderwertig* an und hält diese für unvereinbar mit dem menschlichen Fortschritt, wie man auch die Sklaverei oder die Knechtschaft als unvereinbar mit der Zivilisation betrachtet.

Aber das Kind ist an dieser sozialen Entwicklung unbeteiligt geblieben. Gegen das Kind gibt es noch die *absolute Regierung* der Familie oder der Schule. Seine direkte *Abhängigkeit* von betreuenden Personen ist eine wirkliche Abhängigkeit unter der Herrschaft von *Diktatoren.* Man schätzt beim Kind nur die Tugend des Gehorsams. Da das Kind nicht wie die Erwachsenen auf äußere Werke gerichtet handelt, sondern auf sein Wachstum bezogen agiert, wirkt sich sein Gehorsam auf seine innerste Persönlichkeit aus und unterdrückt seine eigenen Lebenskräfte. Das Kind muss schlafen, essen, still sein oder reden, wenn der Erwachsene es möchte, und für andere körperliche Funktionen muss es den Erwachsenen um Erlaubnis fragen, bevor es sie befriedigen kann (wie es sogar in den Sekundarschulen vorkommt).

Der Gehorsam ist ihm nach Maßgabe des Wohlbefindens und der Bedürfnisse des Erwachsenen auferlegt, der wie ein Diktator das Kind oft auch einfach seinen Launen, seiner schlechten Stimmung oder seinen persönlichen Vorurteilen unterwirft, mit dem Ziel, die vom Erwachsenen gewollte Ordnung aufrechtzuerhalten. Der Pflichtunterricht ist eine allgemeine Mobilisierung von Kindern, die zu einer unvernünftigen Disziplin verurteilt sind, welche sie passiv und unbeweglich sein lässt, im Widerspruch zu dem natürlichen Impuls, der die Kinder durch Beweglichkeit und Aktivität sich entwickeln lassen würde. Der Unterricht erfolgt in der Form von Zwangsarbeit und oft unter Qualen. Er ist nach dem Gutdünken des Erwachsenen festgelegt und orientiert sich häufig an den politischen Überzeugungen des Erwachsenen.

Die Tatsache, dass dem Geist ein erzwungenes und irrationales Lernen auferlegt wird, zwingt den jungen Menschen von morgens bis abends ständig zu einer geistigen Arbeit, die ihn den ganzen Tag über beschäftigt und keine angenehme Entspannung zulässt. Auch bei der Gymnastik sind die Bewegungen vom Erwachsenen angeordnet und zeitlich festgelegt. Das Leben ist zu jeder Stunde des Tages strengen Regeln unterworfen, und es ist ein Übergang, bei dem sich zwei Diktaturen abwechseln: die der Familie zu Hause und die der Schule. Da sich diese beiden während des Tages abwechseln, sind sie voneinander unabhängig und oft uneins oder stehen sogar untereinander im Gegensatz. Das Kind aber ist gezwungen, sich allen beiden schweigend zu unterwerfen. Es muss so dem aristokratischen Vater gehorchen und ebenso dem bürgerlichen Lehrer und der aus dem einfachen Volk stammenden Gouvernante und all das ausführen, was die unterschiedlichen Erwachsenen für es festlegen.

Keine *Umgebung* ist wirklich seine. Daher bewegt es sich immer unter fremden Dingen, die einen Besitzer haben, der eifersüchtig auf den Erhalt, die Unversehrtheit, die Ordnung und die Lage der Dinge achtet.

Kein Erwachsener hat je in einer Form so absoluter *direkter Abhängigkeit* gelebt wie das Kind. Denn auch Knechte oder Sklaven hatten im Verlauf des Tages immer eine Zeit, in der sie ohne Überwachung waren. Das Kind hingegen ist unter Aufsicht schon von dem Augenblick an, wenn es morgens erwacht, bis zu dem Zeitpunkt, zu dem es abends einschläft.

So verbringt es die ganze Kindheit und Jugendzeit und keiner bereitet die jungen Generationen auf das praktische Leben der Gesellschaft vor, das sie erwartet. Die Kinder sind nur vorbereitet, eine *Bildung* zu erhalten, die willkürlich festgelegt ist und oft aus veralteten und überholten Lebensbedingungen stammt oder die an Vorurteile und abstrakte Ideen gebunden ist. Daraus folgen wahrhaft absurde Lebensbedingungen, die der Grund für unnötiges Leiden, ein unglückliches Dasein und Irrwege der kindlichen Entwicklung sind. Die meisten Menschen haben weiterhin gedacht, das langweilige und ziellose Lernen sei gerade *erzieherisch* und das Erleiden von demütigenden Strafen, wenn die Natur gegen diese Unterdrückung rebelliert, sei *Charakterbildung*. Alle Verurteilten, Opfer von Tyrannen, finden Trost bei ihren Liebsten, haben eine Stütze an denen, die zu ihnen stehen. Aber Tyrannen der Kinder sind gerade diejenigen, welche die Natur und die Gesellschaft als deren Beschützer ausweist: Eltern und

Lehrer. Daher ist die Welt des Kindes in einem Gefängnis ohne Hoffnung eingeschlossen.

Das Schicksal des Kindes hängt von den Erwachsenen ab, die Verantwortung für sein Leben tragen: und die Erleichterung seiner Lebensbedingungen hängt von denen ab, die unmittelbar darauf Einfluss haben.

Viele – das ist wahr – versuchen heute, die Lebensumstände des Kindes zu verbessern, doch dieses Streben beruht auf *privater Initiative* und auf sittlichen Prinzipien und den persönlichen Ansichten einzelner Erwachsener. Es gibt jedoch für das Kind kein *anerkanntes gesellschaftliches Recht.* Die Gesellschaft betrachtet die Kinder nicht als *eine besondere Klasse ihrer Bürger,* die ein heiliges Recht auf ihr Wohlergehen haben. In der Gesetzgebung sind jedoch die Rechte des Vaters verzeichnet, welche die väterliche Hoheitsgewalt unterstreichen, ohne aber vom Vater zu verlangen, sich dessen würdig zu erweisen. Die Gesetze, welche die *väterliche Diktatur* begünstigen, überwachen diese Diktatur nicht und übertragen der Gesellschaft keine schützende Kontrolle über das Kind. Das Kind ist immer noch der einzige *vergessene Bürger.*

Die Gesellschaft sollte jedoch das Kind berücksichtigen, nicht nur um es zu schützen, sondern um seine Rechte anzuerkennen. Gleichberechtigt mit allen Bürgern sollte es in die Lage versetzt werden, die Instanz seines Volkes, welche die Regierungsmacht ausübt, auch mit seiner Stimme als Bürger erreichen zu können und seinen Anteil an der Zivilisation zu fordern. Wenn daher bei unserer derzeitigen Staatsverfassung das Parlament die Rechte des Volkes repräsentiert, muss es Abgeordnete geben, die auf diese wesentliche Aufgabe des öffentlichen Wohls vorbereitet sind und die Interessen des Kindes mit legaler Autorität vertreten.

Wenn alle öffentlichen Aufgaben von Bedeutung von einem Ministerium verwaltet werden und ein Ministerium bei der Verwaltung eines Staates erforderlich ist, muss es dort auch ein Ministerium für menschliche Entwicklung geben, welches die Interessen der neuen Generation verwaltet. Weil jede Aufgabe für das öffentliche Wohl, z. B. das Postwesen, die Telegrafie, das Verkehrswesen, die Presse, die Notwendigkeit mit sich bringt, ein besonderes Ministerium vorzusehen, muss auch das wichtigste und allgemeinste Anliegen, die Sicherung des Wohls der Heranwachsenden, sein eigenes Ministerium haben. Die erstaunliche Tatsache, dass es dies nicht gibt, ist der deutlichste Beweis dafür, dass das Kind in seiner Bedeutung und in seiner Würde noch nicht anerkannt ist.

Die soziale Frage des Kindes

Unsere Absicht ist es, dazu beizutragen, dass die große Bedeutung des Kindes im Rahmen der komplexen sozialen Frage der Menschheit bekannter wird. Es handelt sich dabei um einen fundamentalen Faktor. Die soziale Frage der Menschheit weist nämlich zwei Faktoren auf, die eng miteinander zusammenhängen: die *soziale Frage des Kindes* und die *soziale Frage des Erwachsenen.*

Heute kennt und berücksichtigt man nur die *soziale Frage, die den Erwachsenen betrifft.* Die soziale Frage, die das Kind betrifft, hingegen kennt man nicht und berücksichtigt sie daher auch nicht. Es ist zwar wahr, dass man in unserer Zeit dem Kind viel mehr Aufmerksamkeit schenkt als in der Vergangenheit. Jeglicher Fortschritt ist durchdrungen von neuen Maßnahmen zum Wohl des Kindes. Gleichwohl ist dies noch nicht zu der *sozialen Frage* geworden, welche die Anfangszeit des menschlichen Lebens betrifft, d. h. die Kindheit, in der die Menschheit ihren Ursprung hat.

Schon vor einiger Zeit wurde in Genf die *Kinderrechtserklärung* aufgestellt, die von allen zivilisierten Nationen anerkannt wurde.[1] Wir geben hier die *fünf Punkte* wieder, welche die Erklärung von Genf bilden:

1. Das Kind soll die Versorgung erhalten, die für seine normale körperliche und geistige Entwicklung erforderlich ist.
2. Das hungrige Kind soll ernährt werden.
   Das kranke Kind soll gepflegt werden.
   Das bedürftige Kind soll unterstützt werden.
   Das straffällig gewordene Kind soll befreit werden.[2]
   Das verwaiste und verlassene Kind soll aufgenommen und ihm soll geholfen werden.
3. Das Kind soll in Zeiten der Not zuerst Hilfe erhalten.
4. Das Kind soll in die Lage versetzt werden, seinen Lebensunterhalt zu verdienen und sich eines glücklichen Lebens zu erfreuen, und gegen jede Ausbeutung geschützt werden.
5. Das Kind soll in dem Bewusstsein erzogen werden, seine Fähigkeiten in den Dienst seiner Mitmenschen stellen zu sollen.

Diese Punkte sind nun größtenteils ein christlicher Aufruf, der sich an eine Gesellschaft richtet, die dabei ist, ihre christlichen Gefühle zu verlieren. Diese Gefühle scheinen vollständig von einer tief greifenden Unordnung dahingerafft zu werden, welche die Zivilisation zu zerstören droht.

Mit noch viel größerer Liebeskraft verkündete

schon vor zweitausend Jahren Christus die Mahnung,

»die Hungernden zu speisen,
die Nackten zu bekleiden,
den Schuldigen zu vergeben«,[3]

und lehrte uns, die Kinder zu lieben: »Lasset die Kinder zu mir kommen«.[4]

Heute erscheinen die großherzigen Worte des Genfer Bundes wie ein Aufschrei des erwachsenen Menschen, der unterzugehen droht, ein Aufschrei, der um Erbarmen und Hilfe für sein *Kind* fleht. Doch das ist noch keine *soziale* Frage und noch viel weniger ist es die *soziale Frage des Kindes,* die das Kind als einen *aktiven Koeffizienten* für die Rettung der Menschheit aufzeigen kann. Nur der erste Artikel bezeichnet ein *Recht:* Das Kind muss die notwendigen Mittel haben für seine normale körperliche und geistige Entwicklung.

Aber worin bestehen die notwendigen Mittel für die Entwicklung des Menschen? Das ist eine *wissenschaftliche* Frage, die Fachkenntnisse verlangt. Heute indessen ist eine der *unbekannten Größen* bei der ungeheuren wissenschaftlichen Entwicklung, welche unsere Epoche charakterisiert, *der Mensch selbst.* Der Mensch – hinsichtlich seiner Persönlichkeit und seiner Normalität –

ist *ein Unbekannter.* So beinhaltet der *neue* Teil, der bei seinen Rechten proklamiert wurde, eher ein *Bestreben,* einen *Hinweis* auf die Verwirklichung eines neuen Vorhabens für den Menschen. Es besteht darin, *die Bedürfnisse der geistigen Entwicklung des Menschen* zu erkennen und die *Mittel* dafür bereitzustellen, d. h. den notwendigen Schutz zu bieten, um die Unversehrtheit des menschlichen Individuums zu retten.

Es ist hinreichend bekannt, dass in den letzten Jahrzehnten zwar große Fortschritte bei der *physischen* Gesundheit des Menschen (und des Kindes) erzielt worden sind, man aber einen *moralischen und psychischen Verfall,* ein enormes und Besorgnis erregendes Anwachsen von Nerven- und Geisteskrankheiten und einen erschreckend hohen Anstieg der Kriminalität festgestellt hat. Damit soll aber sicherlich nicht gesagt werden, dass die Verbesserung der physischen Gesundheit im Gegensatz stehe zur *Verbesserung der psychischen Gesundheit.* Allerdings ist deutlich geworden, dass beide Bereiche nicht unmittelbar zusammenhängen und die *Verbesserung der geistigen Gesundheit* in Wirklichkeit noch ein *Problem* darstellt.

Die Menschheit und die Zivilisation durchlaufen eine Krise der Finsternis und des materiellen

Chaos, welche die Welt mit Elend, Sklaverei und umfassendem Krieg bedroht. Die Zunahme von Geistesgestörten, Kriminellen, Nervenkranken und geistig Behinderten ist ein Indikator für ein allgemeines *geistiges Ungleichgewicht.* In einer solchen Situation kann dieser ehrenwerte Versuch einzelner Menschen, die ihre Seele noch rein und edel bewahrt haben, *keine Aussichten auf erfolgreiche Realisierung* haben. Es ist evident, dass diese Bedingungen für das Kind nur von einer *christlichen Gesellschaft, von einer Gesellschaft der normalen Menschen* verlangt werden könnten. Für die Verwirklichung dieser Forderung gibt es nur *eine* Schwierigkeit: die Reform der Gesellschaft.

Jetzt – und das ist der entscheidende Punkt – ist die Reform der Gesellschaft das, worauf es allein ankommt. Solange man sie nicht verwirklicht, wird man sich nicht um das KIND kümmern. Es wird nach wie vor als das *erste Opfer* dahingerafft, da es ja schwach ist und ohne die Kraft zu protestieren, ohne die Möglichkeit sich zu organisieren, ohne wirtschaftliche Mittel um sich zu retten. Wenn man aber dem Kind Beachtung schenkt – wie dies heute in den totalitären Ländern der Faschisten und der Kommunisten der Fall ist –, so geschieht das nur, um es auszubeuten, um es als zukünftiges Instrument für die nationalen Zwecke *vorzubereiten,* wobei man die *Entwicklungsbedürfnisse* und die *Rechte des Kindes* übergeht. Niemals zuvor gab es ein so schreckliches kollektives Verbrechen wie das, den zarten Arm des Kindes mit Gewehren zu bewaffnen, um ihm beizubringen, damit seine Mitmenschen zu töten – als Sinnerfüllung seiner Bestimmung.

Es ist gerecht, dass man dem Kind Hilfe zuteilwerden lässt, aber das ist nicht seine *soziale Frage* wie ja auch die Hilfe gegenüber bedürftigen Erwachsenen überhaupt nicht die *soziale Frage* des organisierten und bürgerlichen Menschen betrifft und ebenso wenig sein *Menschenrecht* anerkennt. Nächstenliebe und Recht, Hilfe gegenüber in Not geratenen Menschen und *soziale Frage* sind zwei verschiedene Dinge. Es ist klar, dass Recht und soziale Frage sich nicht auf *individuelle in Not geratene Menschen* beziehen, auf Opfer unglücklicher Verhältnisse oder eventueller Unglücksfälle oder Katastrophen. Die *soziale Frage* berührt unmittelbar das *Leben der Gesellschaft,* ihre *Organisation.*

Nun hat sich aber die gesellschaftliche Organisation allein nach den Bedürfnissen eines Teils der Menschheit entwickelt: nach denen des Erwachsenen. Indessen hat der Mensch ein zweifaches Leben: das des Kindes, in dem sich die Persönlichkeit aufbaut, und das des Erwachsenen, in dem jeder Erwachsene seinen Beitrag zur Organisation leistet und teilnimmt an der gesellschaftlichen Arbeit. Es ist klar, dass die alleinige Berücksichtigung des *Erwachsenen* nicht ausreichen kann, die Probleme des Menschen zu lösen, und auch *der äußere Fortschritt durch die Arbeit des Erwachsenen* sie nicht lösen kann und nicht einmal ein *geistiges Prinzip*. Etwas Tiefgründiges und Wirksames fehlt. Es gibt eine ungeheure Leere, eine wirkliche Lücke bei der gesellschaftlichen Konstruktion des Erwachsenen. Die *gesellschaftliche Gleichung* hat eine Unbekannte, die ihre Lösung nicht erlaubt. Dieses fehlende Element, diese Unbekannte ist durch das Kind gegeben.

Der Mensch muss *die Gesellschaft neu aufbauen* unter Berücksichtigung der zwei Teile, die sie ausmachen: Kind und Erwachsener. Bei diesem Neuaufbau hat von den beiden Faktoren, die dazu beitragen, einer die größte Bedeutung: *das KIND*. Denn auf dem KIND ruht der grundlegende Teil der Gesellschaft, insofern es der Produzent der Produzenten ist.

Die geistigen und moralischen Prinzipien, welche die *soziale Frage des Kindes* beisteuern kann, sind gerade die Prinzipien, die der Gesellschaft von heute fehlen. Die Lebensbedürfnisse des jungen Menschen können – unter psychischem Aspekt betrachtet – viele Fehler bei den moralischen Prinzipien sichtbar machen, die vom erwachsenen Menschen verkündet wurden. Vor allem ist daher die *soziale Frage des Kindes* notwendig, um der gesellschaftlichen Organisation des Erwachsenen eine *wissenschaftliche* Grundlage zu geben.

Die *neue Welt*, nach der heute alle in unterschiedlichen Formen streben – orientiert an *Meinungen*, an *Theorien*, die im Widerspruch zueinander stehen – diese neue Welt kann nur aufgebaut werden, wenn das Kind uns dafür seinen wesentlichen und fundamentalen Beitrag liefert. Die *Gesetze der Entwicklung des Menschen* müssen grundlegende Gesetze für eine neue Verfassung sein, nach der sich die gesamte Menschheit richten muss.

Auch die Entwicklungsgeschichte der Tiere und die Beobachtung des Lebens überhaupt machen die Existenz von *zwei Phasen* deutlich: die des jungen und die des erwachsenen Lebewesens. Diese haben unterschiedliche Gesetze und Zwecke und aus beiden zusammen resultiert das Überleben der Spezies. Aber der wichtigste Teil, auf den die Natur ihre besondere Sorge richtet, ist der Teil des *jungen Lebewesens*. Das erwachsene Tier ist für die Anstrengung der Anpassung an seinen Lebensraum geschaffen, für den Kampf ums Dasein. Das Tier in seinem kindlichen Zustand repräsentiert den göttlicheren Teil der Schöpfung. In dieser Phase stellen die sensitiven Perioden, die von dem holländischen Biologen Hugo de Vries[5] beschrieben wurden, eine *innere Führung* der Aktivitäten und eine im Inneren wirksame, Veränderungen schaffende Kraft dar.

Neben der natürlichen Umgebung hat auch das erwachsene Lebewesen eine besondere Aufgabe gegenüber dem neuen Geschlecht. Jede erwachsene Spezies hat – so kann man sagen – zwei verschiedene Instinkte, *zwei verschiedene psychische Verfassungen*. Gegenüber dem Nachwuchs verhält sich das erwachsene Tier nicht kampfbetont, sondern verändert seine Wesensart. Es kümmert sich eifrig um ihn, wird sanfter in seinem Verhalten. Oft verändert es seine Lebensweise gänzlich. Es ahnt sozusagen, wo die Rettung der Spezies zu finden ist. Diese ist nicht abhängig von der ihm eigenen Wesensart, von seinen Erfahrungen als erwachsenes Wesen, sondern sie hängt manchmal ab von Verhaltensweisen, die seinen eigenen Bedürfnissen völlig fremd sind. Die Mücke z. B., die sich von warmem, rotem Blut ernährt, legt ihre Eier in kaltes Wasser ab. Der Vogel, der sorglos herumfliegt, der seine Nahrung mühelos findet, indem er von Ort zu Ort fliegt, lässt davon ab für seine Jungen und wird zum Erbauer eines Nestes, zu einem an einem festen Platz orientierten Tier. Die wilden Tiere sind sanft und zart mit ihrer Nachkommenschaft und anstatt nur Beute zu suchen, suchen sie auch einen ruhigen und sicheren Zufluchtsort.

Wenn in der Natur nur die Instinkte existieren würden, die auf das Wohl des erwachsenen Wesens gerichtet sind, würden die Bienen keine Bienenstöcke errichten und keinen Honig erzeugen, die Ameisen würden keine Gänge graben und die Termiten würden ihre Hügel nicht erbauen. Die Natur der Lebewesen weist also zwei Teile auf, zwei Aspekte. Sie lenkt das Leben durch zwei unterschiedliche, oft völlig gegensätzliche Instinkte.

Allein der Mensch scheint jedoch beim Aufbau seiner Gesellschaft nur von einem Instinkt getrieben zu sein. Die Zivilisation ist ein Werk, das der Erwachsene ausschließlich auf der Grundlage seiner Bedürfnisse und seiner Neigungen geschaffen hat. Das Kind hat an der schwierigen Super-Schöpfung der Menschheit nicht mitgewirkt. Es lieferte keinen einzigen geistigen Beitrag. Niemals hat man beim Kind nachgefragt, was der Seele des erwachsenen Menschen fehlte, was die inneren Führungskräfte der gesellschaftlichen Arbeit des Erwachsenen ergänzen sollte. Niemals hat der Erwachsene sich vom Kind inspirieren lassen. Nie entstand unter den gesellschaftlichen Werken des Menschen ein BESONDERER TEIL, der nicht allein ihm dienlich war; jener wunderbare Teil, den man bei den Lebewesen als die Kindheitsperiode erkennt.

Der Erwachsene hat die Kindheit als eine notwendige Übergangsperiode betrachtet, die unter gesellschaftlichem Aspekt völlig überflüssig und uninteressant sei. Da man die ganze gesellschaftliche Organisation auf Kampf, auf Anstrengung stützte, blieb das Kind ein unverstandenes Wesen, ein *Schwächling,* der des Schutzes bedarf, aber keines *Schutzes,* der *gesellschaftliche* Formen oder besser noch Formen gesellschaftlicher Förderung annehmen musste. In diesem Missverständnis besteht die *soziale Frage des Kindes und der Menschheit.* In der Geschichte der Menschheit fehlt eine angemessene Manifestation des *Schutzes der Spezies,* es fehlt eine Manifestation der Kindheitsperiode, die in einem angemessenen Verhältnis steht zu der Gestalt, in welche die Zivilisation die Manifestation des Intellektes gebracht hat.

Im Verhältnis zu dem, was in der Natur bei den zwei Perioden des Lebens geschieht, müsste es für das Kind ein herausgehobenes Lebensumfeld geben, ein ungestörtes Refugium, frei von den belastenden und anstrengenden Sorgen des Lebenskampfes. Ein außerordentlich schöner Ort müsste es sein, beseelt von den Gefühlen, die eine besondere Kunst weckt, eine Ruhe ausstrahlende, symbolische Kunst; die Manifestation einer Sehnsucht nach der Ewigkeit, nach einem besseren Leben.

Nun haben sich diese Gefühle des Menschen – das ist wahr – Ausdruck verschafft, aber sie sind nur in den Heiligtümern zu finden, wo die Stille, das Halbdunkel, die sanfte und monotone Musik den Schlaf der Spezies in ihrem kindlichen Stadium zu schützen scheinen. Dennoch sind es gerade diese Gefühle, die sich in angemessenem Maße auf die große Lebensäußerung der Menschheit beziehen müssten: die Verteidigung und die Pflege der Spezies.

Wenn nun der Mensch infolge eines geheimnisvollen seelischen Vorgangs die größte Antriebskraft des Lebens vergessen und sein Gefühl für das Kind auf eine Besitz ergreifende Liebe, auf eine Form seiner zahlreichen Egoismen reduziert hat, dann ist klar, dass die menschliche Gesellschaft unvollkommen aufgebaut ist. Wie bei einigen Formen der Paralyse ein Glied nicht wächst und unterentwickelt bleibt, so ist bei der menschlichen Gesellschaft das lebendige Glied nicht gewachsen, jener höhere Teil, der dem Sieg des arterhaltenden Instinktes entspricht.

Wenn das so ist, schauen wir einmal auf das Kind. Seine Geschichte muss die eines Opfers sein, das unerkannt geblieben ist. Diese göttliche und kostbare Periode des Menschen wird dann eine große *soziale Frage* aufwerfen. Dort findet man nämlich bewusste und unbewusste Formen der Unterdrückung, der Sklaverei, schändliche Akte unbestrafter Verfolgung, krasse Ungerechtigkeiten, die nie gerächt wurden. Aber all dies fiel und fällt heute mehr denn je auf den Erwachsenen zurück. Es bildet eine die Individuen unterdrückende *Verurteilung* und nimmt die Gestalt eines nie lösbaren Problems bei der gesellschaftlichen Suche nach dem Glück an. Denn die soziale Frage der Menschheit ist nur eine einzige. Sie muss in ihrer Ganzheit gelöst werden. Aber um den Weg zu ihrer Lösung zu finden, muss man dem Kind zuerst Raum schaffen, seine Rechte anerkennen und noch mehr den unschätzbaren Wert seiner Wohltaten. Kurz, es ist nötig, die soziale Frage des Erwachsenen mit der sozialen Frage des Kindes zu vereinen.

Wenn man die soziale Frage des Kindes zunächst unter dem Gesichtspunkt seiner Leiden betrachten will, weil *die notwendigen Mittel für seine Entwicklung fehlen* oder weil es an Verständnis mangelt –, dann ist ein solches Problem *universal.* Alle Kinder leben unter Bedingungen, die ihren Lebensbedürfnissen nicht entsprechen. Aber nicht nur das! Weil alle Erwachsenen durch das Stadium des Kindes hindurchgehen, gibt es bei allen Erwachsenen eine Form der inneren Unruhe, der Unwissenheit und der Krankheit, welche das erlittene Leiden widerspiegelt, den Mangel an Energien, die schlecht entwickelt sind oder von der Normalität abweichen. Schwächen und Ungewissheiten, welche die Anpassung an die Lebenserfordernisse erschweren, belasten die ganze Menschheit, unabhängig von mehr oder weniger günstigen oder glücklichen äußeren Bedingungen. Aber natürlich gibt es ganz unterschiedliche Stufen bis hin zu denen, welche sich an der Grenze befinden, außerhalb deren der besondere »Fall« Aufmerksamkeit erregt. So ziehen die Kinder die Aufmerksamkeit auf sich, welche diese äußersten Grenzen überschreiten, aber den Fehler noch verbergen können und im Freien zu sehen sind. Es sind die Waisenkinder, die Ausgesetzten, die Misshandelten, die Hungrigen, die Nackten, die Ungebildeten – all die Formen, die an die eher elementaren Gefühle des Mitleids appellieren.

Wenn man im Allgemeinen von der *sozialen Frage des Kindes* spricht, denkt man meistens an diese auffällig gewordenen Kinder. Das aber ist *Erste Hilfe* und *Rotes Kreuz,* nicht die *soziale Frage.*

Nun, *Erste Hilfe,* die unmittelbare Unterstützung derer, die leiden, ist mit einem sozialen Gefühl von höchstem Wert verbunden. Aber das ist nur ein *Element,* ein *aufbauendes* Element wie ein Ziegelstein oder wie ein Grundstein, aber es ist noch nicht das Gebäude.

Die *Barmherzigkeit (carità)* dringt nicht bis zu den Ursprüngen dieser Übel vor, denen sie abzuhelfen sucht, und wenn diese Übel übermäßig anwachsen, muss sich die Barmherzigkeit unausweichlich erschöpfen, da sie die Ursachen, welche die Übel hervorrufen, nicht in Betracht zieht.

Sie ist ein sehr großer Fortschritt im Vergleich zu den heidnischen und unzivilisierten Grundsätzen, nach denen man diejenigen, die sich an das gesellschaftliche Leben nicht anpassen können, *beseitigen* soll. Es gibt keinen griechischen Taygetos für die anormalen Kinder mehr,[6] keine Tötung der Alten oder Verbannung und Verfolgung von Aussätzigen. Es handelt sich um einen Fortschritt. Denn die Barmherzigkeit macht die Folgen der schweren Missstände in der Gesellschaft bewusst, indem die Opfer gesammelt werden. Diese *außerhalb der Grenzen des Normalen Geratenen* eröffnen einen Weg zu den Ursachen dieser Fehler. So sind zum Beispiel die Krankenhäuser, die ursprünglich nur müden, hungrigen und kranken Pilgern Hilfe leisteten, danach zu großen sozialen Organisationen geworden, wo die Wissenschaft *die Ursachen der Krankheiten* aufgedeckt hat. Aber aus sich heraus wirkt die Hilfe gegenüber den Opfern nicht gegen die Ursachen. Tatsächlich hat ja auch das Rote Kreuz keinerlei Einfluss auf die Verringerung der Zahl von Kriegen.

Barmherzigkeit und soziale Frage sind zwei verschiedene Dinge. Ein gutes Beispiel dafür gibt uns die überholte Vorstellung vom Verhältnis zwischen *Reichen und Armen*, von der Hilfe, die der Reiche dem Armen schuldet, und der Dankbarkeit des Armen gegenüber dem Reichen für die erhaltene Hilfe. Dies ist wohl zu unterscheiden von der sozialen Frage des Arbeiters unter dem Gesichtspunkt der Produktion, wie sie von Karl Marx dargestellt wurde.[7] Dieses Problem geht aus von der gesellschaftlichen Organisation der *Arbeit,* um deutlich zu machen, dass alles, wovon man lebt, eine Frucht der Arbeit ist, und daher das ganze Leben vom Arbeiter abhängt. Das Wohlergehen des Arbeiters würde zu einer Verbesserung der Produktion führen.

Nun, für das Kind könnte man eine Parallele zum Arbeiter ziehen, auch wenn das nur unvollkommen sein kann. Das Kind ist auch ein *Produzent.* Es produziert die Menschheit. Jeder erwachsene Mensch wurde von einem Kind aufgebaut.[8] Das Kind lebt aber unter Bedingungen, die seiner Entwicklung, d.h. seiner *Arbeit,* nicht angemessen sind. Es leidet daher als ein *menschliches Individuum.* Das aber führt zu einem *Produkt minderwertiger Arbeit,* zu einer verschlechterten Menschheit. Die schwächere, heruntergekommene, kranke Menschheit ist das Ergebnis der Leiden des Kindes durch den Konflikt zwischen den Lebensbedürfnissen seiner Entwicklung und der

Umgebung, die ihnen nicht entspricht. Das begreift man für den physischen Bereich. Man versteht, dass ein unterernährtes Kind ein rachitischer oder für Tuberkulose anfälliger junger Mensch werden kann. Aber man hat nicht in gleichem Maße vor Augen, dass dies auch beim psychischen Leben geschieht und dass es nicht dieselben Ursachen, dieselben äußeren Bedingungen sind, welche die physischen und die psychischen Schwächen hervorrufen. Die psychischen oder moralischen Beeinträchtigungen hängen mit *Hemmnissen* für die Entwicklung zusammen, die oft mit den materiellen Lebensbedingungen gar nichts zu tun haben.

Die Übel, welche die Entwicklung des Kindes belasten, gehören nicht nur in den physischen Bereich. Sie bestehen nicht nur im Fehlen von Nahrung und Fürsorge. Daher kann man die soziale Frage des Kindes auch nicht mit den besonderen Bedingungen gleichsetzen, wie sie für die *Opfer* bestehen können, die man als *Wesen*, die *außerhalb der Grenzen des Normalen* geraten sind, vor Augen hat. Sie gehört vielmehr in das Gebiet, das unter der Bezeichnung *Erziehung* bekannt ist.

Die soziale Frage des Kindes hängt ganz eng mit der umfassenden sozialen Frage des Menschen zusammen. Sie ist ein Teil davon und zwar der Teil, welcher Ursprung des *Motors* des ganzen Aufbaus der äußeren Umgebung ist. Dieser Motor ist der erwachsene Mensch. Wie ist es möglich, ständig die Produkte des Menschen als *Werte* zu betrachten, aber nicht den Menschen selbst? Wenn Pflanzen und Tiere als *Handelsware* einen Wert darstellen und daher kultiviert und gepflegt zu werden verdienen, damit sie noch besser werden, um ihren Wert zu steigern; wenn ein Stück Land es verdient, kultiviert zu werden, damit es einen Wert erhält; wenn der Inhalt einer Mine zu Tage gefördert und genutzt werden muss, um einen Wert zu erhalten; wie ist es da möglich, nicht auch den *Wert des Menschen* zu beachten? Und wenn einige Dinge, um einen Wert zu erhalten, sich nützlicher Veränderungen unterziehen müssen, warum soll man ein ähnliches Handeln gegenüber dem Menschen selbst unterlassen?

Nun gut, diese Aufgabe, dem Menschen *Wert zu verleihen*, ist die allerwichtigste Arbeit. Es handelt sich um die Erziehung.[9]

Die Fortschritte der Landwirtschaft sind ein Ergebnis der Biologie und der Chemie, eines umfassenden Studiums der Forschungen über das Leben und die Gesetze, die es steuern. Es ist klar, dass noch viel tiefgründigere Studien erforderlich sind, um *dem Menschen Wert zu verleihen,* d.h. um diese *praktische Kultivierung der Menschheit* auszuarbeiten, worin die Erziehung besteht. Wenn der gesamte Fortschritt in der Umwelt ein Ergebnis der Wissenschaft ist, dann muss das auch für den Fortschritt des Menschen gelten.

Wenn der Mensch bis heute von der Wissenschaft und von ihren praktischen Anwendungen vernachlässigt wurde, so muss sich ein schreckliches Ungleichgewicht aus dem großen Abstand zwischen den beiden Teilen ergeben: der Umwelt und dem Menschen, dem Produkt und dem Produzenten. Die Beziehungen zwischen den Lebewesen und ihrer Umwelt sind wechselseitig. Der Mensch muss sich so vervollkommnen, wie er auch die Umwelt vervollkommnet. Die große Krise von heute hat eine Ursache darin, dass der Mensch auf derselben Ebene seiner Entwicklung stehen geblieben ist wie Jahrhunderte zuvor, während er eine Umwelt geschaffen hat, die auf einem immer höheren Niveau steht, die immer komplexer wird durch Nutzung der äußeren Dinge und Kräfte. Das, was wir gesellschaftliche *Umwelt* nennen, ist infolge der Zivilisation nicht mehr die *Natur,* sondern eine *supernatürliche* Konstruktion. Sie ist unter Nutzung der Natur geschaffen, aber ihr Niveau geht deutlich über diese hinaus. Der Mensch könnte nicht mehr in einer natürlichen Umwelt leben. Gleichwohl ist die Umwelt, in der er lebt, so kann man sagen, keine *künstliche* Umwelt, sondern eine *supernatürliche* Umwelt, die sich der Intelligenz und der Arbeit eines Kollektivs verdankt, einem Zusammenschluss von Menschen: der Gesellschaft.

Während nun die Gesellschaft sich immer weiter organisiert, wird die Supernatur immer komplexer und stabilisiert sich immer ausschließlicher als *Lebensumwelt der Menschheit*. Der Mensch kann nicht außerhalb seiner *Supernatur* leben, für deren Schöpfung er sich alle sichtbaren und unsichtbaren Dinge dienstbar gemacht sowie alle belebten und unbelebten Gegebenheiten und alle offen zugänglichen und alle verborgenen Energien genutzt hat.

Nun, auch der Mensch muss weiter voranschreiten in seiner Entwicklung. Der natürliche Mensch kann nicht in der Superumwelt leben, sondern nur ein supernatürlicher Mensch mit intellektuellen Fähigkeiten, die sich auf einem höheren Niveau seiner Natur betätigen, und mit moralischen Kräften, die zu einem *gesellschaftlichen*

Bewusstsein und der entsprechenden Orientierung aufsteigen, um die Evolution der Menschheit zu beherrschen und zu bewältigen.

Die Vorbereitung des supernatürlichen Menschen, der sich bewusst ist, der Erbauer der Welt zu sein, in der er lebt, und der fähig ist, die *gesellschaftliche Organisation* zu beherrschen, deren Teil er ist, – gerade diese Vorbereitung fehlt noch, und das behindert die *Harmonie* in der Zivilisation. Genau diese Aufgabe muss sich die *Erziehung* vornehmen.[10]

Die heutzutage praktizierte Erziehung kann man nicht lediglich als *unzureichend,* als den neuen Formen des sozialen Lebens *unangemessen* bezeichnen. Sie stellt vielmehr ein wirkliches Hindernis für die Entwicklung des Menschen dar. Die auch heute noch übliche Erziehung ist eine Ursache der *Unterdrückung* und Deformation der Persönlichkeit des Einzelnen. Sie bietet für den Aufstieg des Menschen von der Natur zur Supernatur nicht nur keine Hilfe, sondern verringert sogar seine natürlichen Kräfte.

In der Tat geht nämlich die Erziehung von einer Unbekannten aus. Unbekannt ist der Mensch, sind seine Bedürfnisse für eine normale Entwicklung. Die Erziehung geht so vor, dass sie diesen *unbekannten Menschen* als ein leeres Wesen betrachtet, als ein Wesen ohne innere Richtlinien; als ob ausgerechnet der Mensch ein von der Natur im Stich gelassenes Wesen sei und außerhalb der Harmonie des Universums stehe, die alles steuert.

Es ist zwar wahr, dass der Mensch *nicht in der Natur leben kann* und dass die *Supernatur* vom Menschen selbst geschaffen wurde, aber deswegen muss er nicht außerhalb der *Natur* mit ihren unveränderlichen Gesetzen stehen. Man muss die *Natur* kennen und vor allem der überlegenen Kraft ihrer äußeren und unveränderlichen Gesetze folgen und dann den *Aufbau* der Supernatur *über* der Natur unterstützen.

Ja, der Mensch könnte nicht *leben,* wenn nicht in seiner Umwelt alles von der Gesellschaft aufgebaut würde. Er muss das Brot essen, das vom Menschen gebacken wurde, die Kleidung tragen, die vom Menschen hergestellt wurde, in Behausungen wohnen, die vom Menschen errichtet wurden. In allem hängt er ab von der gesellschaftlichen Organisation, die alles produziert und alles herbeischafft. Aber auch die Produkte der menschlichen Arbeit und seiner Intelligenz gehen von der *Natur* aus. Der *Natur* entnimmt der Mensch die grundlegenden Materialien. Entsprechend muss also auch die Erziehung vorgehen, indem sie die *Natur des Menschen* als Grundlage nimmt, um ihn an der *gesellschaftlichen Supernatur* teilhaben zu lassen.

Es ist absurd, dass eine Gruppe Erwachsener, die das öffentliche Erziehungswesen leiten, willkürlich über *Studienprogramme* entscheiden, über die *Pläne für die Schulen* auf ihren verschiedenen Stufen, und sie dann ohne weiteres Kindern und Jugendlichen auferlegen, ohne darauf Rücksicht zu nehmen, dass auch *die Entwicklung des Menschen* ihre Pläne und – sagen wir – ihre natürlichen *Programme* hat. Daraus muss ein *Widerspruch,* ein *Konflikt* entstehen zwischen den Gesetzen, die von den Erziehungsbehörden auferlegt werden, und jenen anderen Gesetzen, die genauso absolut sind oder vielleicht noch etwas absoluter: den Gesetzen der Natur.

Dieser Konflikt ist für die menschliche Persönlichkeit verderblich. Gerade in der heutigen Zeit wird man aufmerksam für dieses Problem, das viel grundlegender ist als alle gesellschaftlichen Probleme: die Reform der Erziehung, um die Persönlichkeit des Einzelnen zu verbessern. Das bedeutet, dass die Frage der *Rechte des Menschen* und der *Freiheit,* die er zu Anfang seines Lebens erhalten soll, schon auf den Weg gebracht ist. Aber es gibt ein anderes Problem, das noch größere Bedeutung hat: Warum wird man zur Erziehung von einer amtlichen Autorität *verpflichtet?* Man glaubt, es sei das Ziel, *den Menschen auf das gesellschaftliche Leben vorzubereiten,* und dieses erfordere diese bestimmte Vorbereitung. Aber dieses Ziel wird überhaupt nicht erreicht. Vielmehr stellt die Erziehung das größte Hindernis für die Vorbereitung auf die Gesellschaft dar.

Die Schulen bereiten die jungen Menschen lediglich darauf vor, *eine Anstellung zu finden,* um zu leben, und zwar jeder für sich zu leben, ohne irgendeine *soziale Orientierung.* Der *blinde Konkurrenzkampf* der Einzelnen, welche *Arbeit* suchen, um die Mittel für ihren Lebensunterhalt zu erhalten, ist das bei weitem *Antisozialste,* was es heute in unserer Zivilisation gibt. Man bereitet den Menschen auf einen ungezügelten Egoismus vor, der nur auf dem materiellen Leben beruht. Man gibt ihm Arbeit, als sei er Element eines Motors, als sei er gänzlich ohne soziales *Gewissen,* ohne menschliches Solidaritätsempfinden, ohne Sinn für Gerechtigkeit; kurz, nicht wie einem Menschen, sondern wie dem passiven Räderwerk einer Maschine. Und wie ein Teil der Maschine nicht weiß, wie die Maschine insgesamt funktioniert, so nimmt der Mensch als ein *Element* an der gesellschaftlichen Arbeit teil, ohne etwas von dem komplexen Ganzen zu wissen, von dem er einen Teil bildet.

Es nutzt nichts, dass der Mensch mit Intelligenz und Liebe ausgestattet ist und in sich unbegrenzte sittliche Möglichkeiten für eine Entwicklung zu einem höheren Ziel hin besitzt. Vielmehr spielt dies alles keine Rolle. Der *Arbeiter* kommt zum Vorschein, nicht der Mensch; der Arbeiter mit seinem festen Zeitplan, mit seinen Pflichten und mit seinen spezialisierten Fertigkeiten. Nun, wie können diese *künstlichen Mechanismen,* diese *isolierten* menschlichen Wesen *auf das gesellschaftliche Leben vorbereitet werden?* Wer sieht nicht, dass sie alle nur Sklaven sind, dass sie alle nur *Arbeiter* sind, alle nur *Werktätige?* Mögen sie für ein Handwerk ausgebildet sein oder für eine geistige Arbeit, mögen sie Mechaniker sein oder Professoren für Mathematik, sie sind in gleicher Weise *isolierte* Menschen, die eine Arbeit für ihren Lebensunterhalt suchen, ohne sich damit zu beschäftigen, die *Gesellschaft* kennen zu lernen.

Ja, das Studium, auch das Universitätsstudium, bereitet lediglich *Arbeiter* vor. Weder die *Vor-*

bereitung noch die *Arbeit*, die man nach der Vorbereitung findet, berücksichtigen in irgendeiner Hinsicht einen *menschlichen Wert*. Die *menschlichen Werte* werden erstickt und gehen verloren. Der junge Mann im Alter von 25 Jahren, der die Universität verlässt und dort immer wie ein Kind geblieben ist, abhängig von seinem Vater, der für seinen Lebensunterhalt sorgte, und den Professoren, die ihm Kenntnisse aufzwangen unter dem Druck von Zeitplänen und Examensprüfungen – wer ist er eigentlich? Was wird er in der Welt zustande bringen? Warum hat er so lange studiert, um dann plötzlich damit aufzuhören? Der beste Teil des Menschen wurde unter dem Druck geopfert, ein Examen nach dem anderen, einen *Fortschritt* nach dem anderen zu machen. Warum? Um ein *Kämpfer* bei der Suche nach einer Anstellung zu werden und mit anderen Personen zu konkurrieren, die genauso wenig bewusste Menschen sind wie er. Er hat einen Stoß zum Abgrund von Ignoranz erhalten, zum Abgrund eines blinden Kampfes unter Menschen, die endgültig ohne die Hilfen der Erziehung und der Gesellschaft sind.

Anmerkungen

[1] Siehe dazu die Erläuterungen im Nachwort.

[2] In der Genfer Erklärung wird hier formuliert: »Das straffällige Kind muss wieder in die Gesellschaft integriert werden«. – Maria Montessori hat sich schon früh für eine Reform des Jugendstrafvollzugs eingesetzt und mit ihren damaligen Studierenden in Rom auch praktisch für die Reform der dortigen »Besserungsanstalten« gearbeitet, die eine Wiedereingliederung des Kindes bzw. Jugendlichen in die Gesellschaft zum Ziel hatte. Sie bezeichnet dies als »Erlösung« oder »Befreiung« des Kindes. Vgl. ihre Artikelserie aus dem Jahr 1906 zu den »minderjährigen Insassen von Besserungsanstalten« in: Gesammelte Werke Bd. 3: Erziehung und Gesellschaft, Freiburg 2011, Kapitel III (»Kinder in Not«), S. 284–328.

[3] Montessori bezieht sich hier auf die christliche Tradition, die im Anschluss an die Rede Christi vom Weltgericht in Mt 25,31–46 und an andere Bibelstellen meist sieben leibliche und geistliche »Werke der Barmherzigkeit« unterscheidet. Die beiden ersten im Text genannten Werke gehören zu den leiblichen Werken, das dritte stellt ein geistliches Werk der Barmherzigkeit dar.

[4] Vgl. in den Evangelien Mt 19,13–15; Mk 10,13–16; Lk 18,15–17.

[5] Hugo Marie de Vries (1848–1935), niederländischer Biologe, den Montessori auch persönlich kennen lernte, war vor allem bekannt wegen seiner Beiträge zur Mutationstheorie. Er lehrte an der Universität Amsterdam Pflanzenphysiologie. Zu den »sensitiven Perioden« bzw. »sensiblen Phasen« vgl. unten S. 60 f.

[6] Der Taygetos ist ein Gebirgszug in Griechenland nahe bei Sparta. Schwächliche oder missgebildete Neugeborene wurden in Sparta nach Beurteilung durch ein Aufsichtsgremium

des Stadtstaates getötet, indem man sie in eine Felsschlucht dieses Gebirges warf.

[7] Karl Marx (1818–1883), in Trier geborener Philosoph und Gesellschaftstheoretiker.

[8] Das Kind als »Baumeister des Menschen« ist ein von Montessori häufig benutztes Bild.

[9] Gemeint ist hier nicht, dass der Mensch durch die Erziehung überhaupt erst einen Wert erhält. Montessori sieht vielmehr im Menschen vom ersten Lebensaugenblick an ein großes Potenzial an Fähigkeiten angelegt. Als Geschöpf Gottes hat der Mensch für sie immer schon einen ganz besonderen Wert und genießt eine Sonderstellung innerhalb der Natur. Aber diese Möglichkeiten, die im Menschen schlummern, müssen zur Entfaltung gebracht werden.

[10] Unter dem Begriff »Kosmische Erziehung« hat Maria Montessori diese Erziehungsaufgabe in ihrem Spätwerk im Einzelnen dargestellt. Siehe Montessori, M.: Kosmische Erziehung, GW Bd. 16 (in Vorb.).

Die Ziele der sozialen Partei des Kindes[1]

Wir versichern, dass das Kind nicht nur das Recht hat zu leben, sondern auch als Staatsbürger anerkannt zu werden. Als Bürger muss das Kind in seiner Menschenwürde anerkannt und als Schöpfer des Menschen respektiert werden. Die Bedeutung der kindlichen Persönlichkeit muss unter den moralischen Prinzipien der Menschheit heilig sein, da vom Kind nicht nur die körperliche Verfassung des Menschen, sondern auch sein moralischer Charakter abhängt.

Die Zukunft der Gesellschaft ist aus diesem Grund so eng mit dem Kind verbunden, wie Ursachen mit ihren Wirkungen verbunden sind.

Indem wir der Gesellschaft die Bedeutung der Kindheit verkünden, bekräftigen wir, dass das Kind Rechte haben muss, die denen anderer Bürger vor den Gesetzen und den führenden Institutionen der sozialen Organisation entsprechen. Deshalb ist es unser Ziel, folgendes festzusetzen:

1. dass Behörden gebildet werden, welche die Interessen des Kindes vertreten, wo immer verfassungsmäßige Mächte im Amt sind; dass deshalb:
   - spezielle Mitglieder in den Parlamenten gewählt werden, die das Mandat haben, die Rechte des Kindes und der Jugendlichen in

allen legislativen Diskussionen zu vertreten;

- ein spezielles Ministerium, das Ministerium des Kindes, eingerichtet wird, um praktische Anforderungen der Anerkennung der Rechte des Kindes als eines Staatsbürgers zu erfüllen, und alle bestehenden Bestimmungen zu koordinieren, die dafür da sind, das Leben und die Entwicklung des Kindes zu garantieren.

2. dass die Rechte des Kindes bei jeder Gesetzesreform berücksichtigt werden und bei jeder Entscheidung von öffentlichem Interesse, sodass jeder weitere soziale Fortschritt einen entsprechenden Fortschritt für das Leben des Kindes mit einschließt;
3. dass das Erziehungsministerium in allen Fragen, welche die Organisation von Schulen und Bildungskonzepten betreffen, gemäß der Entscheidung des Ministeriums des Kindes und der Parlamentsmitglieder handelt, die seine Interessen vertreten;
4. dass die allgemeine Schulpflicht von Kindern und Jugendlichen den Schutz des Menschenwesens im Laufe seiner körperlichen und geistigen Entwicklung zur Grundlage hat und die

wesentlichen natürlichen Bedürfnisse des Kindes berücksichtigt; dass deshalb die Bildungskonzepte und die konkrete Praxis der praktischen, intellektuellen und sozialen Erziehung so gestaltet sind, dass sie die Bedürfnisse der Gesellschaft und der menschlichen Entwicklung in Einklang bringen;

5. dass die Fürsorge, die für das körperliche und seelische Wohlergehen der Kinder erforderlich ist, einen unverzichtbaren Teil dieser verpflichtenden Bildung ausmacht;
6. dass eine spezielle Ausbildung in der körperlichen und psychischen Pflege der neuen Generation zu einer gesetzlich anerkannten Pflicht für diejenigen gemacht wird, die heiraten möchten, und dass ein Zertifikat über den erfolgreichen Abschluss dieser Ausbildung eines der notwendigen Dokumente für die Eheschließung ist;
7. dass bei der Hochzeitszeremonie, wenn die gegenseitigen Pflichten gelesen werden, die vom Paar eingehalten werden müssen, auch die Pflichten der Eltern ihren Kindern gegenüber mit einbezogen werden;
8. dass der Staat der gewissenhafte Wächter der Kindheit ist und sich um die familiäre Obhut

der Kinder dort kümmert, wo sie unzureichend ist, und Kraft des Gesetzes dort interveniert, wo die Fürsorge der Kinder mangelhaft ist;

9. dass die Sache des Kindes in jeder sozialen Bewegung vertreten und bedacht wird, die zum Ziel hat, Frieden zwischen Völkern herzustellen;
10. dass die Kinder als eine Nation betrachtet werden, die Nation der Menschheit, welche das größte und wichtigste Volk bildet, und deshalb eine größere Autorität als jede andere Nation darstellt. Ihre Mitglieder bestehen aus Teilen aller Nationen und vertreten ihre heiligsten Interessen, das Interesse des Lebens und der Existenz. Dass deshalb, wenn ein Bund der Nationen gebildet wird mit dem Ziel, eine friedliche Gesellschaft zu organisieren, die Nation der Kinder gesetzlich vertreten wird.

Dr. Maria Montessori, Kopenhagen, 1937.

Anmerkungen

[1] Es handelt sich um einen von Montessori verfassten Text eines Flugblatts, der am Ende des Friedenskongresses von 1937 beschlossen und von der A. M. I. im Jahr 1939 verbreitet wurde.

Kinderhaus und kulturelle Umgebung

1910 veröffentlichten zwei bekannte Zeitschriften – das amerikanische *McClure Magazin* und das britische *World's Work* – Berichte über ein erfolgreiches, neuartiges Erziehungsexperiment: die Kinderhäuser (»Nursery Schools«).[1]

Dieses Experiment hatte mit drei- bis sechsjährigen Kindern aus erbärmlich armen Familien im römischen Viertel San Lorenzo begonnen und war sehr rasch auf Kinder ausgedehnt worden, die man aus den Ruinen des Erdbebens in Messina 1908 gerettet hatte. Es basierte auf einer Erziehungsmethode, die daraus bestand, Kindern auf sanfte Weise und ohne Zwang dabei zu helfen, wieder zu sich zu finden bzw. für sich ein Gefühl für die menschliche Gemeinschaft zu entdecken. Dies wurde durch Leben und Arbeit in der Kindergruppe erreicht.

Schnell begannen die Kinder damit, aus sich heraus eine stärkere innere Disziplin zu entwickeln, als durch herkömmliche schulische Methoden hätte erreicht werden können, sowie einen Gemeinsinn, der sie manchmal wie ein vereintes Team handeln ließ. Sie formten eine Gemeinschaft, in der Freiheit und Disziplin Hand in Hand gingen. In dieser Atmosphäre wurden die kleinen Opfer des Erdbebens von Messina schon bald wieder glücklich und zeigten eine altersgemäße Lebhaftigkeit. Sie erholten sich von dem Schock, der sie für einige Zeit betrübt hatte, und ihr Schlaf wurde nicht mehr von nächtlichen Alpträumen gestört. Ihre Umgangsformen verbesserten sich und sie begannen, sich an Gemeinschaftsaufgaben zu beteiligen. Dies stärkte ihr Verantwortungsgefühl und schien ein naturgegebenes soziales Bedürfnis zu befriedigen.

Damit verbunden gab es auf intellektueller Ebene eine weitere Tatsache, dass nämlich Vier- bis Viereinhalbjährige schon zwei Monate nach ihrer ersten Einführung in das Alphabet plötzlich schreiben konnten. Schulinspektoren, welche diese kleinen Kinder untersuchten, erklärten, dass sie genauso gut schrieben wie neunjährige Grundschüler und dass ihre Rechtschreibung sogar besser war. Sie schienen ein außergewöhnliches Gedächtnis für Wörter zu haben, sogar für sehr lange, und sie machten keinerlei Fehler beim lautgetreuen Schreiben.

All dies waren neue Erscheinungen psychologischer und sozialer Art, die – enger verknüpft mit der Natur als mit Erziehung – unter günstigen Umständen jeder Zeit hätten hervorgerufen werden können. Ich hatte die Kinder lediglich zu freien Aktivitäten ermutigt und spezielle Gegenstände vorbereitet, um sie zu unterrichten. Danach versuchte ich nur, dieselben Erscheinungen auch unter gewöhnlichen Umständen hervorzurufen, und ein Erziehungssystem zu entwickeln, das dazu beitragen würde, diese Phänomene zu verallgemeinern und übertragbar zu machen. Freie Selbstdisziplin blieb das herausragende Merkmal der Montessori-Einrichtungen.

Inzwischen war auf Grund der fälschlichen Annahme, ich wolle Kinder dazu erziehen, »anders« zu sein, insbesondere sehr kleine Kinder dazu zwingen, verfrüht das Lesen, Schreiben usw. zu lernen, unter Erziehungswissenschaftlern und in der Öffentlichkeit ein Meinungsstreit entbrannt. Die Zahl der Montessori-Einrichtungen nahm jedoch rasch zu und das Freiheitsprinzip sowie unser anderes Grundprinzip – die Vorbereitung einer kindgerechten Umgebung – wurden zunehmend in die Grundschulen hineingetragen.

Später wurde auf Grund kinderpsychologischer Studien, die auf Tests zur geistigen Entwicklung beruhten, erklärt, es sei unmöglich, Kinder vor dem 5. Lebensjahr nach der Montessori-Methode zu unterrichten. In fast allen Ländern wurden Gesetze verabschiedet, die es verboten, Kinder unter fünf in Kindergärten anzunehmen, in denen diese Methode praktiziert wurde (wie das in den Kinderhäusern der Fall war). So konnte ich meine Versuche nur vereinzelt fortführen. Dennoch setzte ich meine Arbeit fort, in kleinen Privatschulen und ohne finanzielle oder moralische Unterstützung; und nach mehr als 40 Jahren mache ich immer noch weiter. Meine Nachforschungen und Schlussfolgerungen, die nie öffentlich verbreitet wurden, möchte ich hier zusammenfassen.

Auch wenn man sie noch so sorgfältig anwendet, bringt die Methode bei älteren Kindern nicht dieselben Resultate hervor. Beispielsweise erfolgt der Übergang vom Lernen des Alphabetes zum Schreiben langer Wörter hier nicht innerhalb von zwei Monaten. Ihre Schrift entwickelt sich allmählich, statt plötzlich und unerwartet. Nichtsdestotrotz ist dieser Schreibunterricht, der im Lichte der ersten Reaktionen der Kinder entwickelt wurde, vernünftiger und effizienter als die gewöhnlichen Methoden. Und zwar so sehr, dass gewisse Militärbehörden damit experimentieren, um Analphabeten unter ihren Rekruten zu schulen. Ich glaube, dass die Methode ganz allgemein sehr nützlich für erwachsene Analphabeten wäre.[2]

Diese Versuche zeigen, dass Erziehung nicht

nur von Methoden abhängt, sondern auch von psychischen Voraussetzungen, die sich je nach Alter unterscheiden. Auf jeder Altersstufe zeigen sich psychische Eigenschaften, die für bestimmte Interessengebiete besonders günstig sind, so dass der Schüler dann leichter und schneller lernen und Fortschritte machen kann, als dies zu anderen Zeiten möglich wäre. Daher bildet das Studium des Menschen und seiner individuellen psychischen Entwicklung auf verschiedenen Stufen eine der entscheidenden Grundlagen der Erziehung.

So wurden wir durch Erfahrung zu der unerwarteten Entdeckung geführt, dass sehr kleine Kinder so fundamentale Dinge wie Lesen und Schreiben leichter lernen können als ältere Kinder oder Erwachsene. Viele Versuche wurden später zu diesem Problemkreis durchgeführt, und zwar nicht nur in Bezug auf den Schriftspracherwerb. Der Lernprozess bei Kindern zeichnet sich durch besondere Merkmale wie Eifer, schnelle Auffassungsgabe, Gedächtnis etc. aus.

Unsere Beobachtungen erregten die Aufmerksamkeit mehrerer holländischer Psychologen, vor allem die Tatsache, dass geistige Entwicklung nicht geradlinig voranschreitet, sondern zu gewissen Perioden besondere Merkmale aufweist, und dass sehr kleine Kinder oftmals besser und schneller lernen als ältere. Sie sahen eine Verbindung zwischen diesen Tatsachen und dem Auftreten »sensibler Perioden« in der Entwicklung verschiedener Tiere wie de Vries nachwies. Während der sensiblen Periode bilden sich für das noch unreife Wesen nützliche Gewohnheiten (»habits«) aus und sobald diese gefestigt sind, endet die sensible Periode. Die Geschwindigkeit, mit der sehr kleine Kinder schreiben lernen, wurde als Beweis für die Existenz einer sensiblen Periode für die Sprachentwicklung angesehen, die mit dem fünften Lebensjahr endet. Das Alphabet hatte den Aufbauprozess der mündlichen Sprache stimuliert und beschleunigt, unterstützt durch die Bilder und andere Hilfsmittel, welche die Kinder zum besseren Verständnis benutzten. Viele Psychologen glauben inzwischen an diese Perioden »intensiver Aktivität«, in denen der Erwerb bestimmter Fähigkeiten erfolgt.

Meine eigenen Beobachtungen, die in der Schrift *Il segreto del bambino* (Das Geheimnis der Kindheit) aufgezeichnet sind, deuten auf die Existenz verschiedener sensibler Perioden hin, die zyklisch auftreten und in einem bestimmten Alter enden (z. B. in der Pubertät). Sie verweisen darüber hinaus aber auch auf die Tatsache, dass viel schnellere innere Entwicklungsprozesse den äußeren Manifestationen, in denen sie zum Ausdruck kommen, vorangehen. (Beispielsweise beginnt die Sprachentwicklung lange bevor das Kind tatsächlich sprechen kann). Das kann nicht durch »Tests« gezeigt werden, denn diese können nur äußere Manifestationen feststellen, d.h. unmittelbare Reaktionen.

Während unserer Versuche in den Kinderhäusern war ich viele Monate lang mit Kindern unter drei Jahren zusammen und konnte sie von früh bis spät beobachten. Ohne jeden Zweifel sind sehr kleine Kinder viel intelligenter als man glaubt. Nur unterscheidet sich ihre Intelligenz in verschiedenerlei Hinsicht von unserer. Und das bringt mich zu meinem letzten Punkt: Diese Kinder verfügen über keine geistige Ausstattung, um von uns durch mündliche Belehrung und durch Erklärungen zu lernen. Hingegen sind sie imstande, aus ihrer Umgebung sogar geistige Vorstellungen zu absorbieren, die auf bestimmte Weise Wurzeln schlagen, und zwar nicht als bloße Ideen, sondern als Eigenschaften, die Teil ihrer Persönlichkeit werden.

Der deutlichste Beweis dafür ist, dass ein zweijähriges Kind sprechen kann. Also muss es seine

Sprache zu einem Zeitpunkt gelernt haben, als es dies sehr unbewusst tat. In Wirklichkeit ist diese Sprache kein intellektueller Erwerb, sondern eine Eigenschaft – ein so bedeutendes Persönlichkeitsmerkmal, dass es Kennzeichen der erwachsenen Person bleibt und zu den »typischen vereinheitlichenden Eigenschaften« der Mitglieder einer Nation oder Rasse zählt.

Das scheint die Schlussfolgerung zu erlauben, dass Sprache und andere Kennzeichen, die in einer bestehenden Gruppe von Menschen scheinbar erblich sind, sich in Wirklichkeit in früher Kindheit bilden und das Baby diese typischen Kennzeichen nicht erbt, sondern nur die Fähigkeit, sich alle Merkmale der Menschen in seiner Umgebung anzueignen.

Die Implikationen dieser Theorie sind sehr weitreichend: Durch das Einwirken auf Kinder gelang es totalitären Regierungen, enorme Reserven junger Fanatiker aufzubauen, die ihrem Führer ergeben und erfüllt von kriegerischem Geist waren. Die Diktatoren bereiteten ihre Männer noch vor deren Ausrüstung mit Waffen vor. Denn sie erkannten, dass eine Unternehmung ihre größte Kraft und ihre größte Hoffnung auf Erfolg aus der richtig trainierten Stärke ihrer Männer gewinnt.

Aber was hält eine edlere Gesellschaft, die sich von den Idealen des Friedens und der Menschlichkeit leiten lässt, davon ab, zukünftige Generationen aufzubauen – nicht sie »herzustellen«, sondern sie durch die Stärkung der freien und spontanen Entwicklung zu erziehen –, in denen Freundschaft zu allen Menschen und Verständnis zwischen den Nationen natürliche Eigenschaften wären?

Abgesehen von dieser Möglichkeit kann die in den Kinderhäusern zu Beginn dieses Jahrhunderts angewandte Methode nicht nur beim Lehren der »drei R's«[3] angewandt werden, sondern auch zur Vermittlung von Allgemeinbildung. Nützliche Prinzipien dieser Lehrmethode sind:

(a) Kinder unter drei Jahren interessieren sich dafür, was die älteren Spielkameraden tun. Wenn es etwas ist, das ihrer natürlichen Neigung entspricht, versuchen sie es von sich aus nachzuahmen.

(b) Kleine Kinder finden die Erklärungen älterer, wenn sie darum bitten, einfacher zu verstehen und befriedigender als die Antworten der Erzieherin.

(c) Kinder lernen eher durch eine Art Osmose als durch die Darbietung abstrakter Ideen.

(d) Ältere Kinder helfen den kleineren gerne und dabei scheinen sie besser zu verstehen, was sie selbst bereits gelernt haben.

(e) Dieser Vorgang gegenseitiger und spontaner Unterrichtung bringt große und kleine Kinder dazu, häufig miteinander an Dingen von gemeinsamem Interesse zu arbeiten, und trägt so zum Aufbau einer engen Gemeinschaft bei.

»Lernen durch Lehren« wäre ein gutes Motto für Einrichtungen, die der Montessori-Methode im Grundschulalter folgen. Die Anwendung dieses Grundsatzes kreiert gegenwärtig ein psycho-pädagogisches Labor, dessen Arbeit im Laufe der Zeit wahrscheinlich wertvolle Ergebnisse liefern wird.

In Bezug auf Kindererziehung muss man *erstens* bedenken, dass der kindliche Geist beim Wissenserwerb stets der Unterstützung durch die Hände bedarf und dass andererseits ihre Hände die Hilfe von Gegenständen benötigen, mit denen sie leicht hantieren können. *Zweitens* ist zu bedenken, dass sich der kindliche Geist durch Kooperation in freier Arbeit mit Kameraden entwickelt. Wo diese Bedingungen erfüllt sind, können die Kinder mehrere Stunden am Tag arbeiten, ohne zu ermüden, vorausgesetzt es gibt Pausen und abwechslungsreiche Arbeiten. Dies regt auf natürliche Weise die instinktive Neigung des Kindes an, freundliche und vertrauensvolle Beziehungen zu seinen Spielkameraden und seiner ganzen Umgebung zu knüpfen, und fördert diese.

Wenn Kinder sich von früh auf daran gewöhnen, alle Menschen um sie herum bei ihrer Erkundung der Welt als Helfer zu betrachten, wird eine feindselige oder misstrauische Haltung gegenüber Mitgliedern anderer Rassen, Religionen oder Nationen eine unnatürliche Neigung. Menschen, die so aufgewachsen sind, werden daher äußerst hilfreich sein beim Aufbau einer friedlichen Gesellschaft sowie beim Einsatz für eine Verständigung zwischen den Nationen, welche die UNESCO zum Ziel hat.

Anmerkungen

[1] Gemeint sind die Berichte der Amerikanerin Josephine Tozier. Diese hatte mehrere Monate in Rom verbracht, Montessori-Einrichtungen besucht und auch mit Maria Montessori gesprochen. Sie wurde von dem amerikanischen Verleger Samuel Sydney McClure (1857–1949), einem einflussreichen Förderer der Pädagogik Montessoris, beauftragt für sein Magazin Berichte darüber zu schreiben: Tozier, J.: An Educational Wonder-Worker. The Methods of Maria Montessori, in: *McClure's Magazine* 37 (1911), n. 1, p. 3–19; Tozier, J.: The Montessori Schools in Rome, in: *McClure's Magazine* 38 (Dec. 1911), p. 122–137; Tozier, J.: The Montessori Apparatus, in; *McClure's Magazine* 38 (Jan. 1912), p. 384–394.

[2] Maria Montessori hat in ihrem Spätwerk zwei Abhandlungen zum Analphabetismus vorgelegt: »Weltanalphabetismus« (1949) und »Eine Methode für die erwachsenen Analphabeten« (1950/51). Beide Schriften liegen in *deutscher* Übersetzung vor in: Montessori, M.: Erziehung für eine neue Welt, Freiburg 1998, S. 143–242; demnächst auch in GW Bd. 19: Neue Welt und Erziehung (in Vorb.).

[3] »The three R.s« stehen in der englischen Sprache für reading, (w)riting, (a)rithmetic, also die drei Grundfertigkeiten Lesen, Schreiben und Rechnen.

Nachwort von Harald Ludwig

Die Texte des Bandes »Kinderrechte« zeigen primär die »politische Montessori«. Es ist der pädagogischen Reformerin in den Jahren des 1. Weltkriegs zunehmend bewusst geworden, dass es nicht genügt, für die angestrebten Erneuerung der Erziehung nur spezifisch pädagogische Handlungsfelder wie Familie und Schule in den Blick zu nehmen. Vielmehr bedarf es ihrer Ansicht nach einer gesamtgesellschaftlichen Reform, um für die kommende Generation bessere Bedingungen ihres Heranwachsens und ihrer Bildung zu selbstständigen Persönlichkeiten zu schaffen. Dazu gehört insbesondere das Eintreten für die Rechte von Kindern und deren Beachtung. Sprachlich sind diese Texte Montessoris teilweise sehr überspitzt formuliert. Ihr Sohn Mario M. Montessori meint dazu in seinem Vorwort von 1965 zu einer Neuausgabe des Buches »L'autoeducazione …« von 1916:

> »Manches von dem, was sie sagt, mag übertrieben wirken. Doch man darf nicht vergessen, dass sie das soziale Gewissen wecken musste und dass ihr eine gewaltige Mauer im Wege stand, die aus jahrtausendealten (wenn auch häufig unbewussten) Vorurteilen, aus Unverständnis und geistiger Gefühllosigkeit bestand.«[1]

Maria Montessori unterstützt mit ihrem Engagement für Kinderrechte die Kinderrechtsbewegung, die auf eine Initiative der Engländerin Eglantyne Jebb (1876–1928) zurückgeht. Diese hatte nach kurzer Tätigkeit als Grundschullehrerin für verschiedene soziale Organisationen gearbeitet. Unter dem Eindruck des Leidens von Flüchtlingskindern im 1. Weltkrieg gründete sie die Organisation »Save the Children«.[2] Jebb entwarf dafür ein Fünf-Punkte-Programm, das sie an den nach dem 1. Weltkrieg gegründeten Völkerbund sandte, der die Charta akzeptierte und 1924 als sogenannte »Genfer Erklärung« verabschiedete, die allerdings keine Rechtsverbindlichkeit hatte:

In dieser Deklaration anerkennen Männer und Frauen aller Nationen, dass die Menschheit den Kindern das Beste, was sie zu geben hat, schuldet … unabhängig von Rasse, Nationalität oder Glauben:

1. *Das Kind soll in der Lage sein, sich sowohl in materieller wie in geistiger Hinsicht in natürlicher Weise zu entwickeln.*
2. *Das hungernde Kind soll mit Nahrung versorgt werden, das kranke Kind soll behandelt, das zurückgebliebene ermuntert werden; ein straffällig gewordenes Kind soll wieder in die Gesellschaft integriert werden; das verwaiste und verlassene Kind soll aufgenommen und unterstützt werden.*
3. *Dem Kind soll in Zeiten der Not zuerst geholfen werden.*

4. *Das Kind soll in die Lage versetzt werden, seinen Lebensunterhalt zu verdienen, und gegen jede Form der Ausbeutung geschützt werden.*
5. *Das Kind soll in dem Gedanken erzogen werden, seine Talente in den Dienst der Menschheit zu stellen.*

Im Kampf für die Rechte des Kindes, des »vergessenen Bürgers«, sieht Montessori, die wiederholt auf diese Erklärung Bezug nimmt[3], eine besonders dringliche politische Aufgabe. Scharf kritisiert sie absolute Herrschaftsformen in allen Bereichen, von denen das Kind trotz aller Fortschritte hin zur Demokratie immer noch besonders stark betroffen sei. Die parlamentarische Demokratie, in der die Gesetzgebung durch Repräsentanten des Volkes erfolgt, bietet nach Montessori die Möglichkeit, »auf legale Weise dem Recht des Menschen, seiner Freiheit und Würde allmählich zum Sieg zu verhelfen. Gerade diese Möglichkeit charakterisiert heute unsere demokratische Zivilisation.« Dies gilt auch für die Kinderrechte. Eine »Partei des Kindes« soll für die entsprechende politische Repräsentanz sorgen und ein »Ministerium für menschliche Entwicklung« in der Regierung für die Wahrung der Rechte und angemessenen Lebensbedingungen des Kindes zuständig sein.

Nach dem 2. Weltkrieg hat sich Maria Montessori noch einmal verstärkt für die gesellschaftliche Anerkennung von Kinderrechten eingesetzt und sich dabei vor allem an die 1945 gegründete UNESCO (= *United Nations Educational, Scientific and Cultural*

Organization; Organisation der Vereinten Nationen für Erziehung, Wissenschaft und Kultur) gewandt. Eine letzte diesbezügliche Eingabe mit dem Titel »Der vergessene Bürger« (»Il cittadino dimenticato«) verfasste Montessori wenige Monate vor ihrem Tod am 31. Oktober 1951 aus Anlass des Gedenktages für die Menschenrechte am 10. Dezember 1951, der in vielen Ländern der Welt gefeiert wurde.[4]

Die Vereinten Nationen verabschiedeten 1959 eine neue »Erklärung der Rechte des Kindes«, die ebenfalls keine Rechtsverbindlichkeit hatte. Erst 30 Jahre später wurde von der Generalversammlung der Vereinten Nationen das »Übereinkommen über die Rechte des Kindes« (UN-Kinderrechtskonvention) am 20. November 1989 angenommen. Es trat am 2. September 1990 nach Unterzeichnung durch mehr als 20 Länder in Kraft. Inzwischen haben fast alle Länder der Welt das Abkommen unterzeichnet und – mit Ausnahme der USA – ratifiziert. Zudem wurde die Kinderrechtskonvention durch verschiedene weitere Dokumente zum Schutz der Kinder ergänzt.

Die UNICEF, das Kinderhilfswerk der UNO, hat die ausführliche Kinderrechtskonvention in *zehn Grundrechten des Kindes* zusammengefasst:

1. *Das Recht auf Gleichbehandlung und Schutz vor Diskriminierung unabhängig von Religion, Herkunft und Geschlecht.*
2. *Das Recht auf einen Namen und eine Staatszugehörigkeit.*

3. *Das Recht auf Gesundheit.*
4. *Das Recht auf Bildung und Ausbildung.*
5. *Das Recht auf Freizeit, Spiel und Erholung.*
6. *Das Recht, sich zu informieren, sich mitzuteilen, gehört zu werden und sich zu versammeln.*
7. *Das Recht auf eine Privatsphäre und eine gewaltfreie Erziehung im Sinne der Gleichberechtigung und des Friedens.*
8. *Das Recht auf sofortige Hilfe in Katastrophen und Notlagen und auf Schutz vor Grausamkeit, Vernachlässigung, Ausnutzung und Verfolgung.*
9. *Das Recht auf eine Familie, elterliche Fürsorge und ein sicheres Zuhause.*
10. *Das Recht auf Betreuung bei Behinderung.*

Auch wenn seit der Zeit, in der Montessori sich für Kinderrechte einsetzte, weltweit vieles zur Verbesserung der Lebens- und Bildungssituation von Kindern und der Wahrung ihrer Rechte geschehen ist, sind Montessoris Aussagen und Forderungen nach wie vor aktuell. Dies gilt auch deshalb, weil Montessori diese Rechte in ihrer Anthropologie des Kindes verankert und in ihrer Pädagogik Wege aufgezeigt hat, sie in Familie und Schule sowie im Erziehungs- und Bildungswesen überhaupt konkret umzusetzen.

1. Der vergessene Bürger (ca. 1935/1939)

Zu diesem Text gibt es im Montessori-Archiv der AMI in Amsterdam ein *italienisches* Typoskript mit dem Titel »Il cittadino dimenticato« (doc. 541). Ein Vergleich der *niederländischen* Übersetzung mit diesem Typoskript zeigt, dass der niederländische Übersetzer und Herausgeber Albert M. Joosten den Text Montessoris erheblich gekürzt, vereinfacht und geglättet hat.[5] Die deutsche Fassung nimmt daher um der größeren Authentizität willen das *italienische* Typoskript als Grundlage. Wie der 1935 von Montessori in England veröffentlichte Text »The Forgotten Citizen«[6] und ihre Kopenhagener Friedensvorträge von 1937[7] zeigen, werden die im Text geäußerten Vorstellungen von Montessori etwa seit Mitte der 1930er Jahre verstärkt in der Öffentlichkeit vertreten. Der obige Text dürfte daher in dieser Zeit – noch vor Beginn des 2. Weltkriegs entstanden sein. Auch nach dem 2. Weltkrieg hat Montessori noch Texte mit dem Titel »Der vergessene Bürger« veröffentlicht, in denen sie sich für die Rechte des Kindes einsetzt.

2. Die soziale Frage des Kindes (Ende der 1930er Jahre)

Zum Text dieses Kapitels gibt es im AMI-Archiv in Amsterdam ein *italienisches* Typoskript mit der Überschrift »La questione sociale del bambino« (doc. 545).

Dieses hat offenbar auch als Grundlage des Artikels Montessoris gedient, der mit diesem Titel auf *Italienisch* 1940 in einer Schweizer Zeitschrift erschienen ist.[8] Es ist zu vermuten, dass das Manuskript Montessoris vor ihrer Abreise nach Indien, die Anfang Oktober 1939 erfolgte, wahrscheinlich Ende der 1930er Jahre geschrieben worden ist. Näheres zur Entstehungszeit ist nicht bekannt.

Bereits 1932 war auf Englisch ein Beitrag Montessoris mit dem Titel »The Social Question of the Child« erschienen. Dieser Text Montessoris, den sie im Januar 1932 in London bei einer internationalen Tagung von Erziehungsgesellschaften hatte verlesen lassen, da sie persönlich verhindert war, weist zwar einige gedankliche Parallelen zu dem hier wiedergegebenen Beitrag auf, hat jedoch einen ganz anderen Wortlaut.[9] Auch das Vorwort zu Montessoris 1936 zuerst auf *Französisch* erschienener Vortragssammlung »L'enfant« (deutsch 1952 unter dem Titel »Kinder sind anders«) trägt den Titel »Die soziale Frage des Kindes«.

Es ist bei Montessoris international verbreiteten Publikationen nicht selten, dass unterschiedliche Texte mit dem gleichen Titel, aber auch (weitgehend) identische Texte mit abweichenden Titeln veröffentlicht wurden. Die hier vorgelegte deutsche Fassung beruht auf dem *italienischen* Typoskript. Die *kursiven* Hervorhebungen finden sich, wenn nicht anders vermerkt, im Typoskript Maria Montessoris. Sie sind dort durch Unterstreichungen oder Setzen des Wortes bzw. der betreffenden Textpassage in Anführungszeichen gekennzeichnet. Auch die gelegentlich vorkommende Hervorhebung durch Schreibung von Wörtern in Großbuchstaben im Typoskript wird hier übernommen.

In diesem Text ist es Montessoris Anliegen, deutlich zu machen, dass Einzelmaßnahmen zum Wohle des Kindes, wie es sie vielfach gebe, vor allem im Rahmen privater Initiativen, nicht genügen, sondern dass das Wohl des Kindes zu einer zentralen gesellschaftlichen und staatlichen Aufgabe werden muss. Werke der Nächstenliebe sind zwar aller Anerkennung wert und verdienen Förderung und Respekt. Aber sie reichen allein nicht aus, weil sie auf der Ebene der Symptome bleiben. Erst wenn man das Problem als soziale Frage fasst, bekommt man die Tiefendimension der Ursachen in den Blick. Dabei geht es um die gesellschaftliche Stellung des Kindes und insbesondere um die Anerkennung seiner Rechte. Berücksichtigt man angemessen die Entwicklungsbedürfnisse des Kindes und erkennt seine Rechte an, so bieten sich neue Wege für eine humanere Gesellschaft der Zukunft. Es geht so letztlich für Montessori um die soziale Frage der Menschheit.

3. Die Ziele der sozialen Partei des Kindes (1937)

Dieser von Maria Montessori verfasste Text wurde am Ende des von ihr 1937 in Kopenhagen organisierten

Friedenskongresses beschlossen und von der A. M. I. 1939 in *englischer* Sprache auf einem Flugblatt verbreitet. Die *deutsche* Übersetzung wurde von Michael Klein-Landeck und Harald Ludwig erstellt und in: *Montessori* 51 (2013), H. 1–2, S. 9–10, veröffentlicht.

In knapper Form vermitteln diese Ausführungen die mit den Kinderrechten verbundenen Wertvorstellungen und verweisen auf Wege zu ihrer politisch-gesellschaftlichen Verwirklichung.

4. Kinderhaus und kulturelle Umgebung (1950)

Dieser Text wurde auf *Englisch* mit dem Titel »Nursery Schools and Cultural Environment« erstmals veröffentlicht in der Zeitschrift *The Journal of Education* 82 (1950), n. 12 (December), p. 655–657. Er wurde von Maria Montessori für die UNESCO verfasst. In einer *deutschen* Übersetzung aus dem Englischen durch Michael Klein-Landeck erschien der Beitrag in: *Montessori* 49 (2011), H. 1, S. 19–23. Diese Übersetzung wurde hier mit leichter Bearbeitung übernommen.

Montessori gibt in diesem Text noch einmal einen Rückblick auf ihre Erfahrungen mit Kindern in aller Welt und ihre anthropologischen und pädagogischen Grundüberzeugungen, die sich daraus entwickelt haben.

Anmerkungen

[1] Siehe Montessori, M.: Die Selbsterziehung des Kindes in der Grundschule, Teil I: Grundlagen, GW Bd. 6/1, Freiburg: Herder 2020 (in Vorb.)

[2] Einen ähnlichen Vorschlag machte Maria Montessori 1917 mit ihrer Idee der Gründung eines »Weißen Kreuzes«. Siehe ihre entsprechenden Beiträge in: Montessori, M.: Erziehung und Gesellschaft, GW Bd. 3, Freiburg 2011, S. 329–336.

[3] Vgl. oben S. 20 f.

[4] Montessori, M.: Il cittadino dimenticato, in: *Vita dell'infanzia* 1 (1952), n. 1, p. 3–6 (verfasst am 31.10.1951) sowie erneut in: *Vita dell'infanzia* 49 (2000), n. 6, p. 4–7; auf *Deutsch* mit dem Titel »Der vergessene Bürger – Botschaft an die UNESCO« in: GW 15: Durch das Kind zu einer neuen Welt, Freiburg 2013, Anhang I, S. 305–312.

[5] Siehe Montessori, M.: *Door het kind naar een nieuwe wereld,* ed. A. M. Joosten, Heiloo: Kinheim-Verlag 1941, Kap. I: De Vergeten Burger, auf Deutsch: *Durch das Kind zu einer neuen Welt,* GW Bd. 15, Freiburg: Herder 2013, Kap. I: Der vergessene Bürger, S. 12–18.

[6] Vgl. Dr. Montessori's Message: The Forgotten Citizen, in: *Montessori Notes* 2 (1935), no. 15 (November), p. 162, auf *Deutsch:* Dr. Montessoris Botschaft: Der vergessene Bürger, in: GW 15: Durch das Kind zu einer neuen Welt, Anhang I, S. 240–242.

[7] Siehe Montessori, M.: Frieden und Erziehung, Freiburg: Herder 1972, S. 66–128 (= GW Bd. 9, in Vorb.)

[8] Montessori, M.: La questione sociale del bambino, in: *Pro Juventute* 21 (1940), p. 198–203.

[9] In einer gekürzten Form findet sich der Text von 1932 unter dem Titel »Das unbeschriebene Blatt« in GW Bd. 7: Das Kind in der Familie, Freiburg 2011, S. 3–8.

Literaturhinweise

Ausführliche Verzeichnisse von Primär- und Sekundärliteratur zur Pädagogik Maria Montessoris auf dem jeweils aktuellen Stand finden sich in jedem der Bände der Gesammelten Werke (= GW):
Maria Montessori: Gesammelte Werke, hrsg. von Harald Ludwig in Zusammenarbeit mit Christian Fischer, Michael Klein-Landeck und Volker Ladenthin, in Verbindung mit der Association Montessori Internationale (AMI), Freiburg: Verlag Herder 2010ff.

Bisher sind folgende Bände erschienen:
Bd. 1: Die Entdeckung des Kindes, Freiburg 2010, 3. Aufl. 2015
Bd. 2/1: Anthropologische Schriften I: Frühe anthropologische Werke 1903–1906, Freiburg 2019
Bd. 2/2: Anthropologische Schriften II: Pädagogische Anthropologie, Freiburg 2019
Bd. 3: Erziehung und Gesellschaft – Kleine Schriften aus den Jahren 1897–1917, Freiburg 2011
Bd. 4: Praxishandbuch der Montessori-Methode, Freiburg 2010, 2. korrigierte Aufl. 2011
Bd. 5: Kalifornische Vorträge – Gesammelte Reden und Schriften von 1915, Freiburg 2014
Bd. 7: Das Kind in der Familie, Freiburg 2011, 2. Aufl. 2017
Bd. 11: Psychoarithmetik – Die Arithmetik dargestellt unter Berücksichtigung kinderpsychologischer Erfahrungen während 25 Jahren, Freiburg 2012
Bd. 12: Psychogeometrie – Das Studium der Geometrie basierend auf der Psychologie des Kindes, Freiburg 2012

Bd. 14: Von der Kindheit zur Jugend: Grundschule – Sekundarschule – Universität, Freiburg 2015, 2. Aufl. 2018
Bd. 15: Durch das Kind zu einer neuen Welt, Freiburg 2013, 2. Aufl. 2017

In Vorbereitung sind folgende weitere Bände:
Bd. 6/1: Die Selbsterziehung des Kindes in der Grundschule: Grundlagen
Bd. 6/2: Die Selbsterziehung des Kindes in der Grundschule: Praxis
Bd. 8: Gott und das Kind
Bd. 9: Frieden und Erziehung
Bd. 10: Grundlagen meiner Pädagogik
Bd. 13: Das Geheimnis der Kindheit
Bd. 16: Kosmische Erziehung
Bd. 17: Der absorbierende Geist
Bd. 18: Über die Bildung des Menschen
Bd. 19: Neue Welt und Erziehung
Bd. 20: Briefe Maria Montessoris

Zur Einführung in Theorie und Praxis der Montessori-Pädagogik geeignete aktuelle Textsammlungen mit weiterführenden Literaturhinweisen sind:
Ludwig, Harald (Hg.): Grundgedanken der Montessori-Pädagogik – Quellentexte und Praxisberichte, begründet von Paul Oswald und Günter Schulz-Benesch, vollständig überarb. u. erweiterte Neuausgabe, Freiburg 2017 (25. Gesamtauflage, erstmals 1967)
Böhm, Winfried (Hg.): Maria Montessori – Einführung und zentrale Texte, Paderborn 2010